Hans-Ulrich Bauer

Badegäste mit Anzug und Weste

Von Aalkasten bis Zwic[illegible]erlass

Hans-Ulrich Bauer

Badegäste mit Anzug und Weste

Von Aalkasten bis Zwickelerlass

IGEL

Die Deutsche Bibliothek verzeichnet diese
Publikation in der Deutschen Nationalbibliografie
Detaillierte bibliografische Daten sind
im Internet über http://dnb.ddb.de abrufbar
ISBN 3-9810371-1-1
ISBN 978-3-9810371-1-1

IGEL Geschichten von Land und Leuten
Erste Auflage April 2006
IGEL Verlag, Hans-Ulrich Bauer, Seebad Heringsdorf 2006

Gestaltung und Illustrationen: murawska, Seebad Heringsdorf
Lektorat: Anna Murawska-Pühler
und Dietmar Pühler, Seebad Heringsdorf
Umschlaggestaltung: Anna Murawska-Pühler
unter Verwendung der Ansichtskarte Nr. 11775 aus dem
Julius Simonsen Kunstverlag, Oldenburg in Holstein
Herstellung und Satz: Druckerei Delta, Swinemünde

ISBN 978-3-9810371-0-4 Gesamtausgabe
ISBN 978-3-9810371-1-1 Band 1

Besuchen Sie uns im Internet: www.IGEL-Usedom.de

Inhalt

Vorwort

Mit diesem Büchlein möchte ich dem Wunsch vieler Urlauber nachkommen, auf amüsante Weise Wissenswertes zur Geschichte des Badewesens auf Usedom zu erfahren. Gleichzeitig möchte ich den Käufern meines Kartenspiels „Badespaß & Zwickelerlass“ mehr über die alten Seebäder auf Usedom berichten, als dies beim Kartenspiel möglich ist.

Da ich aus Heringsdorf stamme und sich vor allem historische Ansichtskarten aus den Kaiserbädern bzw. Swinemünde in meiner Sammlung befinden, stehen diese Orte im Mittelpunkt dieses Buches. Ich bitte deshalb zu entschuldigen, wenn die anderen Badeorte auf Usedom etwas zu kurz gekommen sind. Viele amüsante Geschichten haben sich so oder ähnlich natürlich auch dort abgespielt.

Für weiterführende Informationen, Anregungen, aber auch über kritische Anmerkungen bin ich den aufmerksamen Leserinnen und Lesern jederzeit dankbar.

Heringsdorf, April 2006
Hans-Ulrich Bauer

Die Badestuben

Bis zum Mittelalter gehörte der Besuch von Badestuben zu den schönen und fröhlichen Erlebnissen. Denn Mann und Frau besuchten gemeinsam und nackt zur Reinigung, Erwärmung und Massage die Badestuben, wobei diese im ausgehenden Mittelalter einen erotischen Beigeschmack hatten.

So gab es um 1500 den Ausspruch:

Willst Du einen Tag fröhlich sein? Gehe ins Bad.
Willst Du eine Woche fröhlich sein? Laß zur Ader.
Willst Du einen Monat fröhlich sein? Schlachte ein Schwein.
Willst Du ein Jahr fröhlich sein? Nimm ein junges Weib.

Jutta Stössinger: Badeleben, Verlag Klett-Cotta

Jedoch war den Geistlichen der Besuch der öffentlichen Badeanstalten verboten, da die Badeeinrichtungen einen schlechten Ruf hatten. Auch versuchte die Geistlichkeit zunächst mit Verboten, die Vermischung der Geschlechter einzuschränken. Da dies nie ganz gelang, wurden die Badehäuser schließlich offiziell aus hygienischen Gründen (Pestepidemien) verboten.

Einige Jahrhunderte später setzte sich eine neue Sexualmoral durch, über die wir heute freilich nur noch herzhaft schmunzeln können. Denn sie brachte Stilblüten hervor, wie die Folgende:

Im 18. Jahrhundert war die Körperpflege nur auf das Sichtbare bezogen und es gab die Vorstellung, dass Wäsche, um sie von „ansteckenden Dünsten“ zu befreien, geräuchert werden müsste.

Die Geschichte des Badewesens

1793 gründete Friedrich Franz I., Herzog von Mecklenburg-Schwerin, das Seebad Doberan und badete mit seinem Gefolge am Strand vom Heiligen Damm. Damit entstand das erste deutsche Seebad nach englischem Vorbild. Ab 1794 wurde der Kurbetrieb und eine Badedirektion in Heiligendamm eingeführt. Außerdem gab es schon eine Sensation: Befestigt an einem Pfahl des Seesteges schaukelten zwei große Segelboote auf dem Wasser.

Badeboote gehörten mit zu den ersten Badeeinrichtungen,
Anna Murawska-Pühler: Frei nach einem Kupferstich von 1794

Das Badegeschehen um 1800

Nachdem bei einem Badepolizeidiener ein Badebilett gekauft wurde, meldete man sich beim Bademeister bzw. Schaluppenführer. Nach entsprechender Wartezeit bestieg man das am Strand festgemachte Segelboot. Danach wurde etwas hinausgefahren und das Boot fest verankert. Hinter geschlossenen Gardinen entkleidete man sich, dann ging es über eine Treppe hinab in einen Holzkasten, den die Badediener in die See senkten. Dieser Badekasten bestand aus einem Gitterwerk, damit ständig frisches Wasser zufließen konnte.

Bärbel Hedinger und Michael Diers: Saison am Strand,
200 Jahre Badeleben an Nord- und Ostsee, Seite 100

Mit „Aalkasten" hatte der Volksmund auch bald eine treffende Bezeichnung für diesen Badekasten gefunden, der sich auf die gesamte Schaluppe übertrug. Die schon bei geringem Wellengang auftretenden Schwankungen verursachten bei einigen Badenden Unwohlsein bzw. Seekrankheit. Diese abschreckenden Beispiele trugen mit dazu bei, dass sich die Badeschaluppen nicht durchsetzten und schon 1801 wieder verkauft wurden.

1803 tauchten die ersten Badekarren in Heiligendamm auf, wobei diese im circa ein Meter tiefen Wasser standen. Da die Damen und Herren in voller Garderobe die Karren bestiegen, mussten diese alle Utensilien zum Aus- und Ankleiden enthalten. Da man auf keine Bequemlichkeit verzichten mochte, gehörten sogar Stiefelknecht und Pantoffeln zur Ausstattung eines Karrens. Da der Besuch eines solchen Gefährts mehr oder weniger einem Abenteuer glich, wurde zur Ermutigung eine kräftige Stärkung mit Sherry empfohlen.

Bademaschine

... Ein zweirädriges Fuhrwerk trägt ein Häuschen, welches bequem vier bis sechs Personen faßt und von einem Pferd in die See gezogen wird. Über eine am hinteren Teil des Karrens befindliche Treppe kletterte man ins Wasser. An die hintere Seite ist eine Art Zelt befestigt, das wie ein Reifrock aufgezogen und herabgelassen werden kann. Während der Fuhrmann nach der See fährt, kleidet man sich aus. An Ort und Stelle, die der Fuhrmann bestimmt, indem er Maß am Pferd nimmt, läßt er das Zelt nieder. Wenn also der ausgekleidete Badegast die hintere Tür öffnet, so findet er ein schönes dichtes leinenes Zelt, dessen Boden die See ist. Danach faßt man mit beiden Händen ein Seil und steigt hinab. Wer untertauchen will, hält den Strick fest und fällt auf ein Knie, wie die Soldaten beim Feuern im ersten Gliede, danach steigt er wieder herauf...

Georg Christoph Lichtenberg nach seiner Englandreise, 1792

Badekarren um 1900

Auch im Zeitalter der Badekarren kam der Spaß nicht zu kurz
Die Woche, Heft 27, 1907

In der Zeit um 1900 dienten die Badekarren der Bequemlichkeit beim Umziehen und um gleich an Ort und Stelle mit dem Bad beginnen zu können. Anzumerken ist außerdem, dass in Deutschland die Karren nur für eine Person üblich waren.

Obwohl es, wie geschildert, in vielen Seebädern an der Ostsee auch Badekarren gab, waren diese an der Nordsee viel beliebter, worüber der Brockhaus von 1890 Folgendes berichtet:

Während man an den Meeren mit starker Ebbe und Flut Badekarren gebraucht, hat man an der Ostsee stehende Anlagen bevorzugt und zum Teil mit großem Aufwand hergerichtet. (so z. B. in Heringsdorf)

Auch schrieb man 1890 einen interessanten Artikel über die Verschiedenheit der beiden Küsten:

Während die Schönheit der Nordsee stürmt, großartig, monoton und erhaben ist, trägt die Ostsee einen anmutig zurückhaltenden Charakter. Die Nordsee, kräftig, laut, zudringlich, ist einem Manne vergleichbar, die Ostsee einer Frau oder Jungfrau.

Jutta Kärtz: Badeleben an Nord- und Ostsee,
Schleswig-Holsteiner Bildsammlung, Seite 71

Die Trennung der Badeplätze begann schon im Zeitalter der Badekarren, als diese für die Herren durch einen neutralen Bereich getrennt von den Karren für die Damen standen.

Ebenfalls zu den ältesten Badeeinrichtungen gehörten Hütten, Zelte und Stege. So wurden 1795 in Heiligendamm die ersten Bretterhäuser zum Entkleiden aufgestellt. Die nach dem Wind drehbaren Hütten wurden recht bald Schilderhäuser genannt. Auf Usedom gab es diese Schilderhäuser nachweislich in Zinnowitz, Koserow, Heringsdorf und Ahlbeck. Bei der Errichtung des ersten Damenbades im Jahre 1831 übernahm ebenfalls Heiligendamm die Vorreiterrolle.

Das Damenbad

Bericht einer Badewärterin um 1900

… Einige Damen brauchten außer einem sackförmigen Badeanzug mit Rüschen und Spitzen noch lange Hosen, zwei bis drei Kappen über dem Haar und dazu Strümpfe und Schuhe, um ins Wasser zu gehen. Alle wurden an eine lange Leine gelegt, und unter Aufsicht mehrerer Badewärterinnen durften die Damen bis zu den Waden ins Wasser…

Angelika Wellmann: Oh, das Meer, Seiten 203-204

Im Vordergrund ist das alte Heringsdorfer Familienbad und in Richtung Bansin das Damenbad zu sehen

Welch ein Aufwand, um ein Fußbad zu nehmen, könnte man sich heute sagen. Doch konnte dieser langwierige Prozess tatsächlich Leben retten, wie die „Neuesten Nachrichten aus der Neuen Welt anno 1889!" berichteten:

Ein Blitzschlag, so berichten amerikanische Blätter, traf ein schönes junges Mädchen in einem Badeorte, doch verlief dieser Unfall merkwürdiger Weise glücklich. Der Blitz streifte nämlich zuerst das stark wattierte Mieder des Mädchens, fuhr an der gepolsterten Hüfte glücklich vorbei, riß einen falschen Zopf, der frei über den Rücken herab hing, ab, schlug in die Tournüre (Reifrock) *und glitt von den falschen Waden in die Absätze der hohen Hackenstiefel, welche ihn in die Erde ableiteten.*

Usedom-Wolliner Dampfboot, 29. August 1889

Badespaß im Damenbad

Weitere „Gefahr" drohte den Damen, wie sollte es anders sein, von Seiten der Herren:

Im Damenbad gab es auch zwei männliche Rettungsschwimmer. Vorbedingung für diese Arbeit war, sie mußten verheiratet sein.

Diese Bademode dürfte kaum einen kräftigen Wellenschlag überstehen

Eine ganz besonders schlimme Sorte von Männern waren die sogenannten „Kieker". Diese schlichen oben auf den Dünen entlang und machten Stielaugen. Wenn die Badewärterin solch einen „Kieker" sah, gab es Großalarm und er wurde von den Herren der Badeverwaltung vertrieben.

Im Herrenbad ging es dagegen wesentlich simpler vonstatten.

Der Badeplatz für Herren

Bis in die Nähe der Hütten ist ein Bretterweg gelegt, um den Fußgängern das Durchwaten des hier tiefen und weichen Sandes zu ersparen. Um (beim Baden) sogleich einige Fuß Wassertiefe zu haben, sind Stege vom Strande aus in die See gebaut. An ihrem in der See befindlichen Ende führt eine Treppe (ins Wasser) hinab. In den Hütten kleidet man sich aus, nimmt einen wollenen Mantel um und geht über den Weg bis an die Treppe, wo man den

So ähnlich muss man sich die mit Ferngläsern bewaffneten „Kieker" vorstellen!

Mantel ablegt, Kopf und Brust mit aus der See geschöpftem Wasser wäscht oder übergießen läßt, dann rasch in die See springt, von der man sogleich bis über die Hüften bedeckt ist. Sehr schwächliche Personen kleiden sich in kleinen Badehäuschen aus, die am Ende des Steges neben demselben auf Rädern stehen, und von denen eine Treppe unter der Marquise in die See führt.

Hellmut Hannes: Historische Ansichten von Swinemünde und vom Golm
Original: Richard Kind: Das Seebad zu Swinemünde, Stettin 1828

Das Herrenbad in Swinemünde

Das Strandpersonal

Im Herrenbad: 1 Bademeister, 9 Badewärter, darunter 1 Schwimmer

Im Damenbad: 1 Bademeisterin, 14 Badewärterinnen, 1 Zeugmeisterin, 1 Nummernaufruferin

Trotz dieses hohen Aufgebots an tatkräftigem Personal kam es doch einstweilen zu „Unfällen".

Im Herrenbad Swinemünde im Jahr 1894

Daß das Baden in der See unfruchtbar gewesene Weiber fruchtbar mache, kann zwar durchaus nicht bewiesen werden, doch daß manches Frauenzimmer aus dieser Art von Seebadeorten geschwängert zurückkommt, wovon es in Engelland Beyspiele genug geben soll.

Indessen ist gar nicht zu bezweifeln, daß es Ursachen der weiblichen, so wie der männlichen Impotenz gibt, welche durch Baden in der See können behoben werden.

Horst Prignitz: Paradiese der Badelust, Seite 14
Orginal: Samuel Gottlieb Vogel: Doberan–Heiligendamm 1794

Ob sich dieses Heilmittel nun tatsächlich als heilsam erweist oder nicht, ist bis heute noch nicht eindeutig geklärt.

Der Wettlauf der frühen Seebäder

In den frühen Seebädern wie Heiligendamm und Putbus (Lauterbach) stellte man noch keine großen Ansprüche an den Strand, denn es wurde ja in Wannen mit Seewasser gebadet. Nach einem Besuch in Putbus

Fischer in Swinemünde

Hotel Lindemann ist der jetzige Pommersche Hof

war der pommersche Oberpräsident Johann August Sack von der Idee eines Seebades sehr begeistert. Denn durch den Molenbau in Swinemünde und den damit zusammenhängenden Rückgang der Leichterschifffahrt war auch er bemüht, der Stadt eine neue Erwerbsquelle zu verschaffen, zumal sie mit ihrem Traumstrand die besten Voraussetzungen dafür bot.

Deshalb gründete sich 1822 in Swinemünde ein Bürgerverein zur Errichtung von Badeanstalten und eines Gesellschaftshauses. Durch die Gründung einer AG wurde von Oberpräsident Sack der Grundstock dafür gelegt. Der neue Kreisphysikus (Badearzt) Richard Kind war die treibende Kraft des kühnen Planes und so wurde schon im Juli 1824 die erste Badesaison eröffnet. Heringsdorf folgte übrigens ein Jahr später, also im Sommer 1825.

Meine einzige Ansichtskarte von Usedom mit Badekarren - ein Suchbild

Königlich privilegierte Berlinische Zeitung:
Seebad zu Swinemünde

Die hiesige Badeanstalt wird am 15ten Juni eröffnet; diejenigen, welche Quartiere suchen, wollen sich gefälligst in portofreien Briefen an den Kaufmann Herrn Uecker selbst wenden, der die Oekonomie im Gesellschaftshaus und die Besorgung der Quartiere übernommen hat - welche je nachdem sie gesucht werden - in der diesjährigen Badezeit von mehreren Wirthen auch wochenweise werden vermietet. Swinemünde, den 10ten April 1827.

Die Badedirektion Kirstein, Beda, Starcke, Schoeneberg, Kind
Robert Burkhardt: Geschichte des Hafens und der Stadt Swinemünde, Seite 299

Bezüglich der Errichtung eines Gesellschaftshauses sind die folgenden Ausführungen von Oberpräsident Johann August Sack äußerst bemerkenswert:

Das ist um so mehr zu besorgen, als nach den mir zukommenden Gerüchten die Gebrüder von Bülow mit bedeutenden Kosten auf Aktien ein Seebad in der schöner gelegenen Gegend von Gothen (Heringsdorf) einzurichten beabsichtigen und Swinemünde nur wegen der größeren Nähe Stettins als Stadt den Vorzug erhalten kann, wenn früher in Swinemünde als bei Gothen ein Gesellschaftshaus und wenn es möglich ist, ein warmes Badehaus erbaut und den Badegästen alle billig zu erwartenden Bequemlichkeiten zugesichert werden.

Robert Burkhardt: Geschichte des Hafens und der Stadt Swinemünde, Seiten 307-308

Dennoch war der Weg Swinemündes zu einem großen Seebad beschwerlich und der Staat musste immer wieder helfend eingreifen. Zumal ab 1865 das zahlungskräftige Publikum zumeist nach Misdroy oder Heringsdorf reiste.

Das Gesellschaftshaus wurde trotz Protesten im Frühjahr 1920 abgerissen

Besuchten im Jahre 1846 gerade einmal 400 Badegäste Heringsdorf, so waren es 1891 schon rund 7.500. Damit wurde das ein Jahr ältere Seebad Swinemünde (4.900 Gäste) klar überflügelt. Mitte des 19. Jahrhunderts, also gut dreißig Jahre nach Swinemünde und Heringsdorf, erhielten auch Ahlbeck und Zinnowitz die Genehmigung zum Aufstellen von Badehütten (Badekonsens).

Schon bei der Errichtung der Badeanstalt in Swinemünde im Jahre 1823/24, ja schon gegen Ende des 18. Jahrhunderts. hatte man daran gedacht, den Strand jenseits der neu angelegten Plantage (Kurpark) für Badehäuser zu nutzen.

Man war aber überall der Meinung, der Strand würde sich - wie bisher geschehen - immer weiter nach Norden vorschieben und alle teuren Baulichkeiten bald von der See abschneiden.
Deshalb beschränkte man sich auf das eigentliche Stadtgebiet.

Später war man überzeugt, daß der Strand im allgemeinen nicht mehr so „wanderlustig" sei, aber viele einflußreiche Bürger von Swinemünde fürch-

Auf der 1898 geschriebenen Ansichtskarte ist noch der einfache Seesteg zu sehen

Zinnowitz gelang in relativ kurzer Zeit der Sprung in die Spitzengruppe der deutschen Seebäder

teten nun ihre städtischen Gebäude würden wertlos werden, wenn der Badeverkehr an den Strand ziehe, und verhinderten jede Entwicklung in diese Richtung.

Robert Burkhardt: 100 Jahre See- und Solbad Swinemünde, 20. Juli 1924

Mit den Jahren entstanden aber in Heringsdorf, Misdroy, Ahlbeck und Zinnowitz unmittelbar am Strand ganz neue Villenviertel, die immer mehr Badegäste anzogen und am Ende Swinemünde hinter sich ließen.

Swinemünde
Sommerwetter am 13. August 1889

Tausende von Fremden kamen per Dampfer schon am frühen Morgen mit Musik von Stettin an.

Auch die Dampfer von Schwedt und Ziegenort brachten aus den genannten Orten viele Passagiere mit.

Die Eisenbahnzüge waren gut besetzt, besonders der am frühen Morgen von Berlin kommende, war ein langer Zug. Am Bollwerk stieg der größere Teil der Insassen aus und fuhr mit dem Dampfer nach Rügen weiter!

Usedom-Wolliner Dampfboot, 29. August 1889

Aus dem Zeitungsausschnitt ist ersichtlich, dass der 1876 erfolgte Anschluss von Swinemünde an das Eisenbahnnetz für die Stadt keine Verbesserung der Gästezahlen brachte. Dies gelang erst nach dem Bau des völlig neuen Villenviertels in Strandnähe.

Dass diese Entwicklung von Erfolg gekrönt war, belegt die nachfolgende Gästestatistik:

	Swinemünde	**Misdroy**	**Heringsdorf**
1890	4.933	7.620	7.528
1913	40.247	19.113	12.077

Nach der Reichsgründung 1871 und in der folgenden Gründerzeit begann der sprunghafte Ausbau der Verkehrswege auf und nach Usedom. Bis Ende des 19. Jahrhunderts erkannten alle Orte in Küstennähe ihre Chancen im Tourismus und zum Absatz ihrer Produkte (siehe auch Eisenbahn auf Usedom, Band 2). Wobei völlig neue Orte wie Seebad Bansin, neue Ortsteile wie Kölpinsee oder das schon erwähnte völlig neue Strandviertel in Swinemünde entstanden.

Hier nun einige anregende Erkenntnisse aus der damaligen Zeit:

Beim Baden in gewöhnlichem Wasser geschieht es, daß durch die Haut Wasser ins Blut übergeht. Durch ein Bad in reinem Wasser kann man den Durst löschen und durch ein Bad, welchem Fleischbrühe zugesetzt ist, kann man dem Körper nährende Stoffe zuführen.

Usedom-Wolliner Dampfboot, 12. Juni 1890

Romantisches Foto von Swinemünde mit Seebrücke und neuem Strandviertel

Mit dem ansteigenden Besucherstrom wurde die Zahl der Badeanstalten größer. So verfügte Heringsdorf um 1855 erst über ein Damen- und ein Herrenbad, während es 1877 schon fünf große Badeanstalten beherbergte. 1905 gab es dann in Ahlbeck, Bansin und Heringsdorf je fünf Badeanstalten, die auf Pfählen stehend, hufeisenförmig in die See gebaut waren.

Bansin (Seebad), sieben Jahre nach seiner Gründung, links das offizielle Kurhaus (Meeresstrand) noch ohne Saal

Im Vordergrund die Terrasse der 1897 eröffneten alten „Seerose" in Kölpinsee

Um neugierige Spaziergänger vom Blick auf die Badegäste abzuhalten, errichtete man hohe Bretterwände. Aber diese schützten offensichtlich nicht ausreichend vor den sogenannten „Kiekern" (siehe auch Geschichte des Badewesens). In Zinnowitz beispielsweise wurden diese mit hohen Strafen belegt:

Achtung
Während der Badestunden dürfen sich Herren
der Damenbadeanstalt nur bis zu 75 Meter nähern.
Bei Übertretung sind 9 Mark Strafe zu zahlen!

Die große Anzahl von Badeanstalten lässt den Küstenverlauf nur erahnen

Zu einem „Problem" wurden auch die kleinen Jungen, die mit ihrer Mutter ins Damenbad gehen wollten. Der damalige Badearzt Kostüm aus Heiligendamm schrieb dazu 1860, sie dürften mit ins Damenbad

... bis zu einem Alter, in welchem sich ihre Ansichten von denen der kleinen Mädchen nicht unterscheiden.

Horst Prignitz: Paradiese der Badelust, Rostock, 1993

Auf Usedom errichtete man von 1902 bis 1904 in Heringsdorf, Bansin, Ahlbeck und in Swinemünde Familienbäder.

Eine im Jugendstil gestaltete romantische Ansichtskarte von Ahlbeck

Das Familienbad in Heringsdorf

Die beiden Heringsdorfer Familienbäder lagen beiderseits der Seebrücke. Um den wachsenden Bedarf zu befriedigen, wurde 1909/10 östlich der Seebrücke unterhalb des Strandcasinos ein neues Familienbad erbaut, als dessen Schöpfer Dr. Werner Delbrück gilt.

... Von der Promenade beeindruckten die beiden den Eingangsbereich markierenden hohen Türme, während die Seitenenden von niedrigeren Türmen begrenzt wurden. Wenn man den Eingang betrat, kam man zuerst in einen Vorraum, der in einen großen Saal mündete.

Die beiden hufeisenförmigen Flügel ruhten auf Betonpfählen und führten bis ins Wasser, während in der Mitte und an den beiden Enden der Flügel nochmals kleinere Türme waren. In den beiden Flügeln befanden sich die Umkleidekabinen, die den beiden Geschlechtern gestatteten, getrennt ins

Eine Ansichtskarte von 1910 mit dem gerade erbauten neuen Familienbad

Wasser zu gehen. Die der Badeanstalt auf dem venezianischen Lido ähnliche Anlage hatte insgesamt über 200 Badezellen…

Dr. Hartwig: Chronik von Seebad Heringsdorf, 1932, Seiten 56-57, Nachdruck von 1996

Mit der 1923 erfolgten Freibadeerlaubnis von Bansin wurden die Familienbäder bald überflüssig, da man ab diesem Zeitpunkt vom Strandkorb aus baden durfte.

Endlich zusammen baden

Das Familienbad im Jahre 1919

Um jedoch die Attraktivität des Familienbades in Heringsdorf zu erhalten, erbaute man in den 1920er Jahren eine Wasserrutschbahn, wobei die Badenden im Schlitten auf Schienen aus zwölf Meter Höhe ins Wasser hinabfuhren. Es ist anzunehmen, dass durch diese Attraktion das Heringsdorfer Familienbad weiter genutzt wurde und somit länger bestehen blieb, während die meisten anderen Badeeinrichtungen abgerissen wurden.

Der Eingangsbereich des Familienbades wurde nach dem zweiten Weltkrieg zur Tanzgaststätte „Strandcafé" umgebaut.

Der allgemeinen Beliebtheit dieser Tanzgaststätte zufolge fasste ich 1960 im Alter von 16 Jahren den Entschluss, im nächsten Jahr im „Strandcafé" groß auszugehen. Leider konnte ich meinen Plan nicht mehr verwirklichen, denn schon 1961 brannte auch dieses Wahrzeichen von Heringsdorf ab.

Der gekränkte Badegast

Ein Mensch, an sich mit Doktorgrad,
Geht einsam durchs Familienbad.
Dort selbst beäugt ihn mancher hämisch,
Der zweifellos nicht akademisch.
Der Mensch erkennt, hier gelte nur
Der nackte Vorzug der Natur.
Wogegen selbst ein scharfer Geist
Sich stumpf und wirkungslos erweist,
Weil mangels aller Angriffsflächen,
es ihm nicht möglich zu bestechen.

Ein Mensch, der ohne Anschluß bleibt
An alles, was hier leibt und weibt,
kann leider nur mit einem sauern
Hohnlächeln diese Welt bedauern.
Wirft sich samt Sehnsuchtsweh ins Wasser,
verläßt es kalt als Weiberhasser.
Stelzt quer durchs Fleisch mit strenger Miene
Auf spitzem Kies in die Kabine.
Zieht wieder, was er abgetan,
die Kleider und den Doktor an.
Und macht sich, weil hier fehl am Ort,
zwar nicht sehr geltend, aber fort.

Eugen Roth: Sämtliche Werke, Heitere Verse
Thomas Roth, München, 1977

Der Strandkorb und die dazugehörige Burg

Der Strandkorb

Bis zum Siegeszug des Strandkorbes um 1880 standen den Badegästen nur Stroh- und Lehmfachwerkhütten, sogenannte Luftschnapper, zur Verfügung.

Eines Tages kam eine ältere rheumakranke Dame zu dem in Bergedorf bei Hamburg geborenen Rostocker Korbmacher Wilhelm Bartelmann und wollte eine passende Sitzgelegenheit angefertigt haben. Der Wunsch der älteren Dame ging ihm nicht mehr aus dem Kopf, bis er die geniale Lösung gefunden hatte. Dieser Strandkorb stieß auf eine äußerst positive Resonanz und setzte sich bald in ganz Deutschland durch. Da dauerte es dann auch nicht mehr lange, bis der familienunfreundliche Einsitzer durch den Zweisitzer abgelöst wurde.

Heringsdorf 1901: Gute Laune im Strandkorb

Um das Jahr 1910 gab es dann noch eine technische Weiterentwicklung, als der zweiteilige Liegekorb entstand. Dieser wird in seiner damaligen Grundform noch heute produziert.

Anfang der 1930er Jahre musste der Wolgaster Korbmacher Carl Martin Harder seinen Betrieb verlegen, da sein Betriebsgelände für den Brückenbau über die Peene benötigt wurde. Seine Wahl fiel auf Heringsdorf und so erbaute er dort 1933 eine neue Strandkorbfabrik. Dieser Betrieb hat die

Wirren der Zeit unbeschadet überstanden und somit befindet sich heute in Heringsdorf die älteste Strandkorbfabrik Deutschlands.

Heute werden in der Korb GmbH & Co. KG hauptsächlich Körbe in den Grundtypen „Nordsee“ und „Ostsee“ hergestellt. Wobei „Nordsee“ eine eckigere Korbhaube hat, während „Ostsee“ rundlicher daher kommt.

Ein weiterer Produktionsbereich umfasst Sonderwünsche frei nach dem Motto „Nichts ist unmöglich“. Ob Hundekorb, Verkaufsstand oder Spielerbank (FC Insel Usedom), das kreative Team der Korb GmbH & Co. KG zeigt sich jeder Herausforderung gewachsen.

Es gab einst sogar einen Schlager über die Strandkörbe und ihren vielseitigen Nutzen. Daraus stammt folgender Vierzeiler:

Zwischen Heringsdorf und Swinemünde
steht ein Strandkorb an der See,
und ich hab´ ganz bestimmte Gründe,
wenn ich zu dem Strandkorb geh´.

Florierende Strandkorbproduktion,
Amtlicher Anzeiger: Kaisertage Heringsdorf 2001

Die Sandburg

Das längere Verweilen am Strand und die Suche nach Windschutz gaben vielen Erwachsenen Anlass für eine eigentümliche Freizeitbeschäftigung, deren Ursprung im Burgenbau der Kinder zu suchen ist.

Dabei erwachte das Kind im Manne und aus dem Spiel wurde eine von den Herren der Schöpfung generalstabsmäßig geplante Strandarbeit.

Zempin, das kleinste Seebad auf Usedom

Denn schließlich sollte innerhalb weniger Stunden eine Strandburg entstehen. Natürlich war jeder bestrebt, die größten Erdbewegungen durchzuführen. Galt es doch, mit der Burg den Nachbarn auf Distanz zu halten und für den krönenden Mittelpunkt der Burg, den Strandkorb, das nötige Umfeld zu schaffen.

Für die Sandburg als architektonische Meisterleistung war selbstverständlich auch die künstlerische Gestaltung wichtig. Hierzu musste die Außenwand angefeuchtet werden, um sie danach etwa mit Muscheln und Seetang zu verzieren. An diesen „niederen" Arbeiten durften sich dann auch Frauen und Kinder beteiligen, wobei das Wassertragen in der Hitze und in voller Bekleidung sicherlich kein reines Vergnügen bereitete. War dann ein solches Kunstwerk fertiggestellt, wurde oft der Heimatort und die politische Einstellung mit den dazugehörigen Fahnen und Wimpeln der Öffentlichkeit preisgegeben.

Das so entstandene Fahnenmeer war eines Staatsbesuches durchaus würdig!

Da aufgrund des Windes und der Wellen täglich ausgiebige Reparaturarbeiten durchzuführen waren, gab es damals am Strand keinerlei Langeweile und immer genügend Gesprächsstoff.

Wer baut die schönste Sandskulptur?

Die Insel Usedom hat geologisch betrachtet eine Ausgleichsküste, was bedeutet, dass bei Sturm die ins Meer hineinragenden Hügel (z. B. der Streckels- und der Langenberg) abgetragen werden. Das Meer nimmt den feinen Sand mit und dieser setzt sich in ruhigeren Küstenabschnitten wieder ab. Durch diesen fortlaufenden Prozess ist die Insel in ihrer heutigen Gestalt entstanden und die Besucher können so den einzigartigen, rund 40 km langen feinsandigen Strand bewundern.

Dieser feine Sand inspirierte zu jeder Zeit die Badegäste, sei es zum Bau einer Sandburg oder einer imposanten Sandskulptur. Leider sind gerade die oftmals kunstvollen Sandfiguren vergangener Tage an unserem heutigen Strand sehr selten geworden.

Die Sandschaffenden bei der Prämierung des Sandskulpturenwettbewerbs in Ahlbeck, 1914

Eine ganz andere Dimension haben Sandskulpturenfestivals wie z. B. das Deutsche Sandskulpturen-Festival am Privallstrand bei Travemünde oder im belgischen Ostende. Die dort von Künstlern mit Spezialsand geschaffenen Sandskulpturen sind aber auch ein Anziehungspunkt für die überregionale Presse und eine gute Werbung für die Seebäder.

Vom Zwickelerlass zum Effi-Strand

Schon 1798 mahnte Samuel Gottlieb Vogel in seinen Baderegeln:

Badekleider leide ich in Doberan im Bade gar nicht, in der festen Überzeugung, daß sie nachtheilig sind und nicht allein die gute Wirkung des Badens stören, sondern auch leicht zu Verkältung Anlaß geben.

1828 fand Richard Kind aus Swinemünde, dass Beinkleider die Wirkung des Wellenschlages fast ganz aufhöben.

Der „Medizinische Kalender für Ärzte und Nichtärzte" von 1815 behandelte auch ein sehr wichtiges Thema:

... Ebenso unanständig halte ich das Baden am Strande, der im Sommer doch fast immer mit Fußgängern jedes Geschlechts und Alters angefüllt ist. Wie sehr muß die Schamhaftigkeit der Jünglinge von 12 bis 14 Jahren unterdrückt werden, wenn es ihnen gestattet wird, ganz in der Nähe der weiblichen Dienstboten, die mit dem Waschen beschäftigt sind, nackt ins Wasser zu springen und sich diesen nähern zu dürfen...

Horst Prignitz: Paradiese der Badelust, Seite 28, Hinstorf Verlag, Rostock, 1993

Durch die ganze Badegeschichte zieht sich der Konflikt zwischen Prüderie und eigenen Moralvorstellungen bzw. deren Wandel und Lockerungen. Um 1900 erreichte das Nacktbaden, „schwedisch baden" genannt, die Ostseeküste.

Doch erst in den 1920er Jahren, als Vereine oder Zeitschriften das Nacktbaden propagierten, tauchte der Begriff Freikörperkultur auf. Danach gab es Prozesse und Rückschläge, aber die Entwicklung war langfristig nicht mehr aufzuhalten.

Der Zwickelerlass

war ein Versuch, in Preußen die Freizügigkeit im Badeleben einzuschränken:

§ 1

Das öffentliche Nacktbaden ist untersagt.

§ 2

Frauen dürfen öffentlich nur baden, falls sie einen Badeanzug tragen, der Brust und Leib an der Vorderseite des Oberkörpers vollständig bedeckt, unter den Armen fest anliegt sowie mit angeschnittenen Beinen und einem Zwickel versehen ist. Der Rückenausschnitt darf nicht über das untere Ende der Schulterblätter hinausgehen.

§ 3

Männer dürfen öffentlich nur baden, falls sie wenigstens eine Badehose tragen, die mit angeschnittenen Beinen und einem Zwickel versehen ist. In sogenannten Familienbädern haben Männer einen Badeanzug zu tragen.

Der Reichskommissar für Preußen und Innenminister Franz Bracht,
Berlin, im Oktober 1932

Auf den Zwickelerlass gab der Arbeitersportler Dieter Wildt seine satirische Antwort:

Wir badeten fröhlich, wir badeten nackt,
da hat uns das neue Preußen gepackt.
Man hat ein Edikt über uns verhängt
und uns zurück in den Anzug gezwängt.
Den Badeanzug kompakt und gezwickelt,
für Jungfrauen gelötet, aus Draht und vernickelt,
den Badeanzug nach Vorschrift von Bracht,
ade, liebe Freiheit, leb wohl, gute Nacht.

Werner Timm: Vom Badehemd zum Bikini, Seite 84, Husum, 2000

1942 gab es eine gewisse Lockerung, indem die „Polizeiverordnung zur Regelung des Badewesens“ das Nacktbaden an besonders ausgeschilderten Stellen gestattete.

Anzumerken ist, dass schon Goethe und Bismarck begeisterte Nacktbader waren.

Der Effi-Strand

Die Bezeichnung Effi entstand in der jungen DDR vermutlich aus dem Anfangsbuchstaben des Begriffes Freikörperkultur, allgemein als FKK bekannt. Landläufig ist mit Effi ein Nacktbadestrand gemeint.

Die ersten FKK-Strände im jetzigen Mecklenburg-Vorpommern gab es in Prerow, auf Rügen und in Kloster auf Hiddensee. Die dortige Hucke mit ihrem steilen Kliff wurde bei den Einheimischen bald nur noch „Affenfelsen“ genannt.

Doch zunächst erfolgte 1952 der klägliche Versuch durch Innenminister Willi Stoph, das Nacktbaden zu verbieten.

Anfang der 1950er Jahre machten wir Jungs uns vom Neuhofer Strand aus öfter auf den Weg zum illegalen FKK-Strand am Zeltplatz Ückeritz. Dort konnte regelmäßig folgendes Schauspiel beobachtet werden:

Schon beim Eintreffen sahen wir die Polizei an den Strandzugängen und beobachteten das „Katz und Maus Spiel“. Wenn der auf einem Zugang stehende Polizist sehr angestrengt auf die Ostsee schaute, war bei den Strandbesuchern FKK angesagt. Dann aber plötzlich richtete sich sein Blick auf eine unbekleidete Eva und er erinnerte sich an seine hohe Aufgabe. Ohne große Eile ging er auf die betreffende Dame zu, während diese

Leicht entblößte Dame und Begleitung in den Dünen

genügend Zeit fand, mit einem Taschentuch ihre Blöße zu bedecken. In einem gewissen Zeitabschnitt wiederholte sich dann dieses Spiel.

Kurze Zeit später wurde dann das Nacktbaden an ausgewiesenen Stränden legalisiert, so auch in Ückeritz. Hin und wieder kam es dort dazu, dass auffällig langsam den Strandabschnitt durchquerende Personen die Alternative hatten, sich entweder auszuziehen oder mit kompletter Kleidung ins Wasser geworfen zu werden.

Gesetzblatt der Deutschen Demokratischen Republik
Teil I (Ausschnitt)
Berlin, den 6. Juni 1956
Anordnung zur Regelung des Freibadewesens.
Vom 18. Mai 1956

§ 1

1. Das Baden ohne Badebekleidung (Wasser-, Luft- und Sonnenbaden) an Orten, zu denen jedermann Zugang hat, ist nur gestattet, wenn diese Orte ausdrücklich dafür von den zuständigen örtlichen Räten freigegeben und entsprechend gekennzeichnet worden sind oder das Baden ohne Badebekleidung von unbeteiligten Personen unter den gegebenen Umständen nicht gesehen werden kann.

2. Diese Bestimmung gilt nicht für Kinder unter 10 Jahren.

3. Badende haben jedes Verhalten zu unterlassen, das geeignet ist, öffentliches Ärgernis zu erregen.

Nach der Wende waren viele Besucher aus dem Westen über die freizügigen Badegewohnheiten der Ostdeutschen pikiert und die Effi-Anhänger wurden sehr oft an die entlegensten Strände verbannt. Inzwischen wird Mecklenburg-Vorpommern bundesweit als Paradies für Nudisten empfohlen. Gab es doch an der Küste der ehemaligen DDR gemäß dem Heft „FKK zwischen Ostsee und Vogtland“ circa 30 Nacktbadestrände.

Bademoden

Zu Beginn des Badewesens an den Küsten von Nord- und Ostsee gab es die Empfehlung aller Seebadeärzte, nackt zu baden (siehe Baderegeln von Samuel Gottlieb Vogel im Kapitel Zwickelerlass).

Da beim Baden im Badekarren keine Öffentlichkeit zugegen war, konnte diesem Rat leicht Folge geleistet werden. Für besonders Zögerliche wurde trotzdem ein langes Badehemd aus Flanell bzw. Leinen ausgeliehen. Die so dem Bade Entstiegenen dürften schlecht einem Modebegriff zuordenbar gewesen sein.

Auch gab es große technische Probleme: So beobachtete schon der Göttinger Physikprofessor Georg Friedrich Lichtenberg das Aufschwimmen des Badekleides. So ist es nicht verwunderlich, dass sich schon 1856 ein Zeitungsbericht aus England mit dieser Problematik befasste. Dabei ist anzumerken, dass in England das Baden schon viel weiter verbreitet war und man dort vom Badekarren aus auch nicht allein badete. Hier ein Auszug aus dem Artikel:

> *Das Wasser war schwarz von Badenden. Bei den Damen, die bei relativ hoher See rücklings auf die herannahende See warteten, hoben die Wogen das Badekostüm bis zum Nacken. Vor Tausenden von Zuschauern wirkten die Badenden so wie ohne Bekleidung.*

Werner Timm: Vom Badehemd zum Bikini, Seite 18, Husum, 2000

Modische Damen unter der Heringsdorfer Seebrücke

Die schwarzen Wellenstürmerinnen

Um 1850 wurden die Ärmel kürzer und die Kragen verschwanden aus der Badegarderobe. Der quer gestreifte Schwimmanzug wurde um 1860 erfunden und setzte sich von England ausgehend auch auf dem Kontinent durch.

Eine „freizügige" Ansichtskarte aus dem Jahre 1903

Der Badeanzug der Dame um die Jahrhundertwende wurde aus farbigem Kattun, einem Baumwollstoff, angefertigt sowie mit Volants verziert, dazu gehörten schwarze Badestrümpfe.

1906/07 trug man aber auch weite Pumphosen, die an den Kniekehlen anlagen oder hoch hinauf gehende Beinkleider.

Badedame in Swinemünde mit interessanter Kopfbedeckung

Der Wind in seinem Element

Ein Matrosentraum aus dem Kriegsjahr 1916

Für die Herren hatte die Zulassung der Familienbäder auch einen kleinen Nachteil, denn nun durften sie nicht mehr die kurzen Badehosen aus dem Herrenbad benutzen, sondern sie mussten einen Badeanzug tragen. Dieser war aus Baumwolltrikot und gewöhnlich blau-weiß oder rot-weiß gestreift.

Fröhliche Gesichter kennzeichnen das Gruppenfoto aus dem Familienbad

Der Wandel in der Bademode im Familienbad:

Enttäuschter Badegast

... Wenn ich im Badeanzug bin
Und im Familienbade,
Geht die Erotik fort. Wie schade!
Und Weiber jederlei Gestalt
Sie lassen alle dann mich kalt...

Joachim Ringelnatz

Aber auch Ringelnatz konnte seine Abneigung gegen das Familienbad bald überwinden:

Daß du schlank machst,
senkrecht Gestreiftes,
daß du kühle Feuer entfachst,
jeder begreift es.

Aber es dauerte nicht lange, da lockerten sich auch die strengen Sitten in den Familienbädern und die neuen Badekostüme aus dünner Baumwolle konnten ihre erotischen Reize entfalten.

Wie recht doch Joachim Ringelnatz hatte

Der nasse Badeanzug wurde nun eine aufreizende Sensation und der Maler und Zeichner Ernst Heilemann (geb. 1870 in Berlin) gab dieser Mode ein erotisches Gesicht. Er galt als der Meister der nassen Haut. So schuf er allein für den Verlag „Lustige Blätter" hundert Badebilder. Außerdem arbeitete er für „Die Gartenlaube" und den „Simplicissimus." Im Sommer wohnte der Künstler in Bansin, Strandpromenade 8.

Für Bansin gestaltete er im „gesetzten Alter" auch einige Badesprospekte mit Titelzeichnungen.

Der Schloonsee mit dem Atelierhaus von Ernst Heilemann, Ostseebad Bansin

Die romantische Umgebung des Seebades bedarf keiner weiteren Worte.

Der ehemalige Nachbar des Malers Ernst Heilemann, Klaus Niedermeyer, erzählt:

Aus meiner Kindheit kenne ich noch den Maler Ernst Heilemann,
ihm gehörte das auf Pfählen stehende Atelierhaus im Schloonsee.

So ist anzunehmen, dass er in der dortigen Ruhe viele die Prüderie der wilhelminischen Zeit durchbrechende Zeichnungen geschaffen hat. Dieses rohrgedeckte Häuschen war zu DDR-Zeiten Betriebsferienheim und brannte später ab. Nach der Wende wurde an gleicher Stelle eine neue Plattform erbaut.

Der Modemacher Jaques Heim stellte 1946 den „kleinsten Badeanzug der Welt" vor, dem er wegen seiner Winzigkeit den Namen „Atom" gab. Aber schon einige Wochen später ließ der Maschinenbauingenieur Louis Reard seinen Bikini vorstellen. Dieser war nach dem Südseeatoll Bikini benannt worden, auf dem die USA 1946 den ersten Atombombentest nach dem Zweiten Weltkrieg durchgeführt hatten.

In den 1950er Jahren war der Siegeszug des Bikinis nicht mehr aufzuhalten, obwohl es natürlich auch sehr viel Entrüstung gab. So schrieb die Zeitschrift „Das Moderne Mädchen" in den 1950er Jahren:

Es ist wohl nicht notwendig, ein Wort über den sogenannten Bikini zu verlieren. Ist es doch undenkbar, daß ein Mädchen mit Takt und Anstand je so etwas tragen wird.

Werner Timm: Vom Badehemd zum Bikini, Seite 111, Husum, 2000

Fröhliche Kinder am Strand, gezeichnet von Ernst Heilemann, 1932,
im Hintergrund die Bansiner Seebrücke,
freundlicherweise von Herrn Klaus Niedermeyer aus Bansin zur Verfügung gestellt

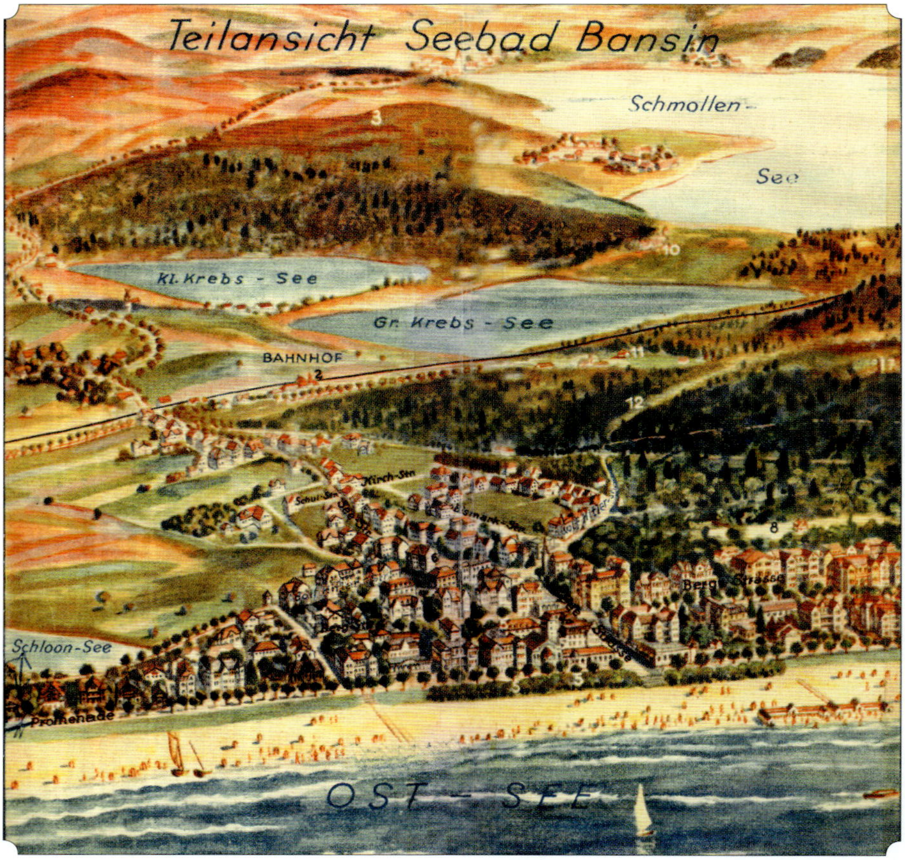

Ortsplan Bansin (1932) gezeichnet von Ernst Heilemann, Badeprospekt Bansin, freundlicherweise von Herrn Klaus Niedermeyer aus Bansin zur Verfügung gestellt

Bei den Bademoden ist heute neben dem klassischen Einteiler und dem Bikini auch der Tanga vertreten. Diese an einen Lendenschurz erinnernde Badebekleidung wurde 1974 in Rio de Janeiro (Brasilien) erfunden. Überhaupt ist seit dem Bikini die Tendenz zu immer weniger Stoff vorherrschend. So wurde der hintere Teil immer kleiner bis nur noch ein Faden übrig blieb, der dann treffender Weise Zahnseide genannt wurde.

Bezüglich „Oben ohne" gibt es auch in hiesigen Breiten eine lange Geschichte. So wetterte die Geistlichkeit im 16. Jahrhundert allgemein gegen das in besser begüterten Kreisen übliche Entblößen der Brust, aber auch gegen die Unsitte, durch das Vorbinden von kleinen Brettchen die Brust zu heben, um sie imposanter erscheinen zu lassen.

Erst seit den 1970er Jahren wird der „Oben-ohne-Badeanzug", obwohl zuerst mit Verboten belegt, fast überall toleriert.

Vornehme Blässe, Kost und Logis

Vornehme Blässe

Meinte die Sonne es gar zu gut
half nur noch Sonnenschirm und Hut.

Die beiden Damen hätten sicherlich auch an einer Modenschau teilnehmen können

Für die gehobene Gesellschaft war der weiße Teint ein Statussymbol und hatte eine Dame einen gesunden Hauttyp, so half man mit Schminke und Puder nach, um die vornehme Blässe zu erreichen. Deshalb waren auch Hüte, Handschuhe und natürlich der Sonnenschirm unverzichtbare Begleiter.

Kost

Der Mittagstisch war ein gesellschaftliches Ereignis und ein Hauptprogrammpunkt im Tagesablauf. Deshalb waren festliche Kleidung und die dazugehörigen Vorbereitungen selbstverständlich. Um 14.00 Uhr rief die Table d`hôte-Glocke die Badegäste an der langen Tafel im Speisesaal zusammen. Wer jemals die strafenden Gesichter beim Zuspätkommen erlebt hatte, empfand das Table d`hôte als Strafgericht. Deshalb war man froh,

Der Fehlerteufel trieb bei dieser Bansiner Postkarte sein Unwesen, denn die Villa hieß Seeblick und nicht Peeblich

als sich um 1900 die Badesitten änderten und das Table d`hôte abgeschafft wurde.

Früher nahm man zwischen dem ersten und zweiten Frühstück nur ein einziges kurzes Bad. So dehnten sich danach die Badezeiten aus und

Diese Wespentaillen dürften auch bei strengster Diät kaum zu erreichen sein

um nicht mit vollem Magen baden zu müssen, wurde die Hauptmahlzeit abends zu sich genommen.

Zur Erklärung: Table d`hôte (frz.: Tisch des Wirts [Tabl dot]), bezeichnet in Gaststätten und Hotels die Mahlzeiten an gemeinsamer Tafel.

Triftiger Grund

Warum schicken Sie denn Ihre Köchin fort? „Sie sagten doch immer, daß sie so vorzüglich kocht!“ Ja, alles was recht ist, aber die kocht so gut, daß niemals mehr etwas bis zum Abend übrig bleibt.

Usedom-Wolliner Dampfboot, 1889

Logis

Die Privatunterkünfte waren bis in die 80er Jahre des 19. Jahrhunderts meist sehr einfach eingerichtet. In den kleinen Stuben stand oft nur ein Tisch mit Stühlen, ein Bett, eine Kommode zur Aufbewahrung der sehr umfangreichen Bekleidung und ein Spiegel. Im Zimmerpreis inbegriffen waren Aufwartung, Bettwäsche, Handtücher, sowie dreimal am Tag kochendes Wasser.

Im Juli 1887 gibt Theodor Fontane folgende Schilderung über die Toilette (Lokus) in Rüdersdorf an der Ostsee:

... Mitten im Garten unter zahlreichen Levkojenbeeten befand sich der Lokus. Es ist ein durch eine Holzwand geteiltes Häuschen, dessen eine Hälfte für Erwachsene und die andere für Kinder ist. Letztere mit sehr niedrig gehaltenem Sitzapparat. Nun trifft es sich so unglücklich, daß für mich - der ich ja regelmäßig zu spät komme - nur immer der für das Kindermaß berechnete frei ist, was mir Attitüden aufzwingt, die ich meinem bittersten Feind nicht wünsche...

Bärbel Hedinger und Michael Diers: Saison am Strand,
Badeleben an Nord- und Ostsee, Unterbringung, Seite 74

Fisch & Fischer

Die in den Wellen leicht schaukelnden Fischerboote und das Einbringen des Fanges am Strand sind mit einem Ostseeurlaub eng verbunden, desgleichen der frische Duft von Räucherfisch und die unterschiedlichen Fischgaststätten mit ihrem maritimen Flair.

Bei der erfolgreichen Rückkehr vom Fang hatten Frau und Mann beide Hände voll zu tun, wie hier am Karlshagener Strand

Vor Usedom hat die Ostsee einen geringen Salzgehalt von 0,7 % (Nordsee: 3,5 %) und ist hier eher ein Brackwassermeer. Wegen des geringen Salzgehaltes leben in der Ostsee auch einige Süßwasser-Fischarten wie Hecht, Zander, Plötz und Blei.

Da der Ostsee die Gezeiten fehlen, regeln nur Wind und Strömungen ihren Wasserstand.

Die Strand- und Küstenfischerei war aber immer ein risikoreicher Beruf, denn Untiefen oder Stürme führten zum Verlust von Netzen und Booten. Oft mussten die Fischer ihren schweren Beruf auch mit dem Leben bezahlen. So blieben von 1850-1905 allein 23 Fischer aus Ahlbeck auf See!

Heute bereiten die dramatischen Rückgänge der Fischbestände in der Ostsee und in den küstennahen Gewässern den Fischern große Sorgen. So sind z. B. laut Landesverband der Küstenfischer die Aalbestände in den letzten zwanzig Jahren um 90 % zurückgegangen. Ganz anders war die Situation am Anfang des 20. Jahrhunderts. So wurden laut Statistik im Achterwasser folgende Mengen Edelfische gefangen:

	1908	1909	1910
Aal	454.000 kg	384.000 kg	405.000 kg
Zander	95.000 kg	45.000 kg	58.000 kg

Fischer und ihre Boote waren ein beliebtes Postkartenmotiv

Um 1900 war das Seebad Ahlbeck überregional wegen seiner schmackhaften Flunder berühmt

In Geld ausgedrückt bedeutet dies, dass 1910 im Achterwasser Fänge im Wert von über 400.000 Goldmark erzielt wurden, wobei Aal, Hecht und Zander die Spitzenpositionen einnahmen.

Die Seejungfer im Haff

Im Oderhaff ist schon seit undenklichen Zeiten eine wunderschöne Seejungfer. Wenn die Schiffer, besonders die Fischer, am Ufer arbeiten, steigt sie oft bis an den halben Leib aus dem Wasser heraus und sieht ihren Arbeiten zu. Sie sagt nichts, aber wer sie sieht, dem bedeutet sie Glück.

Die Seejungfrau von Ahlbeck

Noch 1910 schrieb Christiansen in seinem Usedom-Führer:

Der Fischer unserer Küste kann wohl unversehens in´s Wasser fallen, auch von Sturm und Unwetter durchnäßt werden - aber er badet nicht.

Hier noch eine Anekdote zu den Usedomer Fischern:

Zwei Usedomer Fischer sitzen noch spät am Kneiptisch.
August, was sagst Du denn immer zu Deiner Alten, wenn Du so spät nachts nach Hause kommst.
- Ich sag nur: GUTEN ABEND! Alles andere sagt meine Frau.

Usedom-Wolliner Dampfboot, 4. Juni 1890

Im Wolgaster Anzeiger vom 28. August 1919 hieß es:

20 Mark Belohnung zahle ich demjenigen, der mir die Person namhaft macht, daß ich sie gerichtlich belangen kann, welche das Gerücht verbreitet hat, daß mir der Hering nicht teuer genug ist. Ich kann mit Zeugen nachweisen, daß am genannten Tage mein Hering pro Wall 6-8 Mark billiger ist, wie der Hering anderer Fischer.

H. Bernstein: Fischer in Trassenheide
Landesarchiv Grifswald, Rep. 77 Nr. 771

Die Schönheit des Meeres und die Einsamkeit der Nacht üben auf viele Fischer einen großen Reiz aus

Da die Fischer meist platt (niederdeutsch) sprechen, dazu eine kleine Geschichte:

Lüchting, frett Fisch, de Tüften sind düer!

Zu einem Fischer kam einst ein armer Reisender und bat um ein Almosen. Da gerade das Mittagsessen auf dem Tische stand, Kartoffeln und selbst-

Die Sommerflaute überbrückten die Fischer auf angenehme Art und Weise mit Segelfahrten für die Badegäste

gefangene Fische, so wurde er gebeten, an der Mahlzeit teilzunehmen. Da der Reisende überwiegend Kartoffeln aß, sprang der Wirt nach einer Weile zornig auf und rief:
„Du Lüchting, frett Fisch, de Tüften sind düer!"

Heutzutage ist es umgekehrt! Wie sich doch die Zeiten ändern.
Nun noch einige Worte von Kurt Tucholsky zur plattdeutschen Sprache:

Manchen Leuten erscheint die plattdeutsche Sprache grob, und sie mögen sie nicht. Ich habe diese Sprache immer geliebt. Es ist die Sprache des Meeres! Das Plattdeutsche kann alles sein: zart und grob, humorvoll und herzlich, klar und nüchtern und vor allem wenn man will, herrlich besoffen.

Ausgewählte Ausflugsziele

Ausflüge

Zu den beliebtesten Ausflugszielen der Sommerfrischler gehörten die Seen und Anhöhen in der näheren Umgebung der Seebäder. Diese liebreizende Landschaft mit ihren sanften Hügeln, idyllischen Seen und rauschenden Wäldern entstand in der vor rund 15.000 Jahren zu Ende gegangenen Eiszeit. Die wiederum inspirierte so manchen Romantiker zu schwülstigen Gedichten:

Still umhegt von tiefem Abendfrieden
sinn´ ich, was der Tag mir hat beschieden;
Rollen sah ich breite Meereswogen,
stolze Segler, die darüber zogen,
sah der Möwen weiße Schwingen blitzen
und der Masten zierlich schlanke Spitzen,
blauen Himmel über blauem Meere,
weißen Sand, umrahmt von dunkler Föhre.
Ließ mich von des Seewinds scharfem Sausen
Und des Lebens frischem Sturm umbrausen,
drin ich mich geschäftig konnte regen,
spüren frohen Schaffens vollen Segen.

Th. Endemann

Robert Burkhardt: Stadt, Seebad und Hafen Swinemünde, Seite 142

Der Wolgastsee bei Korswandt

Der Wolgastsee war schon vor über 100 Jahren ein beliebtes Ausflugsziel

Ob bei einer Wanderung, einer Radtour oder einer Kutschfahrt, dieser wildromantische See begeistert Urlauber wie Einheimische. Die immer wieder neuen Blicke vom Baum bestandenen Ufer auf den See lassen Zeit und Raum vergessen und laden auf einer idyllisch gelegenen Bank zum Träumen ein. Ebenso ist es möglich, bei einer Bootsfahrt den See und seine romantischen Buchten zu erkunden.

Die Bismarckwarte

Die 1906/07 auf dem Präsidentenberg bei Heringsdorf errichtete Bismarckwarte war von Anfang an ein beliebtes Ausflugsziel für Besucher und Einheimische aus Heringsdorf und Umgebung. Sie wurde im Mai 1946 gesprengt. Hatte man doch von der Plattform einen überaus reizvollen Blick auf die im herrlichen Buchenwald „versteckten" Häuser von Heringsdorf, die durch Dampfer und Boote belebte See sowie auf die Insel Wollin.

Beim Rundblick wurde die einzigartige Schönheit der Insel Usedom sichtbar und bei guter Sicht reichte der Blick bis nach Rügen.

Auf dem Gipfel des 50 Meter hohen Präsidentenberges stand die über 40 Meter hohe Bismarckwarte

Der Wildpark

Nach dem anstrengenden Besuch der Bismarckwarte hatten die Gäste oft eine Stärkung nötig und besuchten u. a. gern das Restaurant im Forsthaus Wildpark. Aber auch so war der Wildpark mit seinen fünfzig sehr zutraulichen Damhirschen bei Groß und Klein beliebt.

Diese kunstvolle Ansichtskarte ist aus dem Jahre 1898

Theodor Fontane

Heringsdorf, den 24. August 1863

Gestern um 11 nahm ich einen Wagen und fuhr am Strande entlang hierher. Das Wetter ist schlecht, gestern Wind, heute Regen, und doch muß ich sagen, es ist entzückend.

Das Zimmer, das ich bewohne, ist freundlich, geräumig; das Haus selbst ganz allerliebst; der Blick durch Bäume hindurch auf das graue Meer poetisch und für Herz und Sinne unendlich wohltuend. Herr und Frau v. Wallenstädt sind liebenswürdige Leute; die Bedienung (männlich) angenehm. Lepel kam bald, um mich zu besuchen. Dann streifte ich durch den Wald; auf der Rückkehr, mitten im Buchengrün, hörte ich Orgelklänge, denen nachgehend ich in die „Waldkirche" kam, die geschmackvoll mit ihrem rotbraunen Ziegelton aus dem Waldgrün emporwächst. Die Kirche war aus, und die schmalen Steige fingen an, sich mit heimkehrenden Kirchengängerinnen zu beleben. Dazu die Stille, nur Waldes- und Meeresrauschen – es machte einen überaus freundlichen Eindruck auf mich...

Bei Ausflügen der Familie Fontane nach Heringsdorf faszinierte den kleinen Theodor besonders die dortige Störtebeker Kuhl. Theodor Fontane begeisterte sich schon als kleiner Junge für die Seeräuber. 1827 war

Diesen herrlichen Blick vom Kulm genoss Theodor Fontane von seinem Quartier in der Kulmstraße aus

die Familie nach Swinemünde übergesiedelt und dort bzw. in der Nähe befanden sich viele Plätze, die mit Störtebeker in Verbindung gebracht wurden.

Er schrieb später in „Meine Kinderjahre":

Eine Waldstelle nahe bei Heringsdorf, die „Störtebeker Kuhl", liebten wir besonders. Dies war ein tiefes Loch, richtiger ein mächtiger Erdtrichter. Da drin war der Seeräuber Störtebeker, so wie jetzt wir. Was mußte ich für ein Kerl sein!

Diese frühe Faszination ließ Fontane nicht mehr los, 1878 begann er Material für eine Störtebeker-Novelle zu sammeln.

Der Lange Berg bei Bansin

Eine Wanderung am Steilufer des 45 m hohen Langenbergs bietet reizvolle Blicke auf die Ostsee und die Insel Wollin. Hier wie am Streckelsberg bei Koserow kann man besonders nach Stürmen die Kräfte der Natur und ihre oft verheerenden Auswirkungen anschaulich betrachten. Der allgemeinen Beliebtheit des Langenbergs entsprechend errichtete schon 1878 die Aktiengesellschaft Heringsdorf auf der Bergkuppe einen hölzernen Aussichtsturm mit hundert Stufen und einen einfachen Anlegesteg.

Heimatglocken

Müde ging ein wirres heute
Auf umbuschtem Bergeshang
Hör ich summendes Geläute
Ferner Glocken Abendklang

Damals wie heute ein beliebtes Wanderziel der Bansiner Urlauber

Wie sie klingen, wie sie locken
Durch die sommerklare Luft
Herz, das sind der Heimat Glocken,
deren Ton Dich heimwärts ruft.

Richard Bartz aus Katschow, Insel und Welt,
Beilage der Swinemünder Zeitung, 15.06.1930

Das Restaurant und Café Langenberg im Jahre 1935

Der Leuchtturm von Swinemünde

Mit 68 Meter Höhe ist der Swinemünder Leuchtturm einer der höchsten der Welt und wenn man die über 300 Stufen überwunden hat, wird man mit einem einzigartigen Rundblick über die Schwesterninseln Usedom und Wollin belohnt. Den Entwurf für den 1859 eingeweihten Turm lieferte der Oberbaurat Severin.

Der ursprünglich achteckige Leuchtturm erhielt 1900 eine steinerne Ummantelung

Seit der im Jahre 2000 erfolgten umfangreichen Sanierung erstrahlt der Leuchtturm wieder in alter Schönheit

In unmittelbarer Nähe des Leuchtturms befindet sich die Ostbatterie der Festung. Der Bau der gesamten Festungsanlagen beiderseits der Swine erfolgte nach der Blockade des Swinemünder Hafens durch die Dänen 1848/49. Ein Besuch der meterdicken Festungsanlagen ist besonders bei sommerlicher Hitze bzw. nach dem beschwerlichen Aufstieg zum Leuchtturm empfehlenswert.

Während man bei einem Spaziergang auf der Ostmole die Schiffe aus der Nähe betrachten kann, weht einem gleichzeitig ein erfrischender Wind, meist aus Nordost, entgegen.

Die Badewanne der Berliner

Um 1900 fuhr der Zug nur vier Stunden von Berlin bis nach Usedom und 1935 brauchte der durchgehende E 141 sogar nur zwei Stunden und 36 Minuten für die gesamte Strecke und konnte damit dem aufkommenden Autoverkehr noch Paroli bieten. Die schnelle Erreichbarkeit der Insel sorgte dafür, dass sich bei den schlagfertigen Berlinern für Usedom bald die liebevolle Bezeichnung „Badewanne der Berliner" durchsetzte.

Da die Frauen und Kinder der begüterten Herrschaften sich im Sommer für mehrere Wochen in den Seebädern aufhielten und die Herren Beamten aus Stettin und Berlin aber noch Geld verdienen mussten, konnten diese nur am Wochenende ihre Familien besuchen.

Für den Zug am Sonntagabend, den die allein zurückreisenden Herren benutzten, hatte sich alsbald der etwas mitleidige Name „Strohwitwerzug" eingebürgert.

Damit die in Berlin verbliebenen Herrschaften nicht auf ihr geliebtes Heringsdorf verzichten mussten, gründeten sie sogar ein eigenes Neu-Heringsdorf.

Diese Ansichtskarte aus Berlin-Friedrichshagen wurde 1918 in Cöpenick abgestempelt

Berlin–Sonnenbrand

Swinemünde wurde von den Berlinern zuweilen scherzhaft *Berlin–Sonnenbrand* genannt.

Wenn man morgens um 9.00 Uhr in Berlin in den Zug stieg, dann konnte man bequem in Swinemünde zu Mittag essen. So bevölkern die lufthungri-

gen Berliner und die berühmten „Schtullenschtettiner" – nach ihren mitgebrachten Broten so genannt – den Badestrand von Swinemünde.

Die mehr als 1,5 km lange Strandpromenade wurde inoffiziell „Lästerallee" genannt

Die Fehde zwischen den Berliner Pankgrafen und der Stadt Swinemünde

Im Juni 1930 musste die Stadt Swinemünde gegenüber den einfallenden Berliner Pankgrafen kapitulieren. Doch wie kam es zu der Eroberung?

Mitte Mai bekam die Stadt Swinemünde den Fehdebrief der Pankgrafen (ein Berliner Kunst-, Kultur- und Wohltätigkeitsverein) ausgehändigt und wurde darin aufgefordert, Anker- und Liegeplätze kostenlos für die pankgräfliche Flotte am Bollwerk zur Verfügung zu stellen. Dieses Ansinnen wurde von den Swinemünder Ratsherren natürlich entrüstet zurückgewiesen.

Nein, meine Herren, Ihr sollt keine Hand voll Sand von unserm Bollwerk bekommen, daß Ihr wohl gar Eure Märkische Sandbüchse damit auffüllt. Wir haben mit Klaus Störtebeker und anderen Seeräubern gefochten und werden auch mit den Admirälen vom Tegeler See fertig werden.

Als die Pankgrafen am 27. Juni vor die Stadt rückten und ihre Späher das Bollwerk entlang trabten, gerieten sie in das Feuer der schweren Geschütze, die auf der „Grünen Fläche" aufgepflanzt worden waren. Der große Markt war durch eine Mauer abgesperrt worden und wurde von der Bürgerschaft tapfer verteidigt. Aber obwohl die Kanonen krachten und die Büchsen knallten, war alles vergebens und die Stadt wurde erobert.

Foto vom Spektakel in Swinemünde
aus „Die Bäderinseln Usedom und Wollin", Herausgeber: Kreisausschuß, 1934

Die anschließende Unterwerfung und der Friedenstrunk wurden durch ein Gedicht untermauert:

So laßt uns denn die vollen Gläser heben
und trinken auf ein ständiges Besteh´n
der Freundschaft, die wir hier geschlossen eben,
mög´ sie nie haltlos auseinandergeh´n.
Ob Fels und Eichen splittern,
nichts soll den Bund erschüttern.
Nur Lieb und Eintracht sei das starke Band
stets zwischen Pommern und dem Weddingland.

Wenn auch keinerlei geschichtlicher Hintergrund für das Fest bestand, so aber doch die Überzeugung, dass man die Bindung zu seinen treuesten Besuchern, den Berlinern, durch ein gemeinsames Fest am Besten stärkt.

Laut Aussage von Herrn Niedermeyer aus Bansin besteht der Verein der Pankgrafen noch heute und vielleicht könnten nach vielen Jahren mit viel Gaudi diesmal die Kaiserbäder erobert werden?

Quellen

Zu den schon im Text genannten Quellenangaben ist noch anzumerken, dass alle Zitate aus dem „Usedom-Wolliner-Dampfboot“ 2° Z 5060, der Usedomer Zeitung und der Beilage der Swinemünder Zeitung „Insel und Welt“ MIR 240 aus der Universitätsbibliothek Greifswald sind.

Aus dem Landesarchiv Greifswald sind die genannten Zitate vom Swinemünder Archiv Rep. 41.

Ein besonderer Dank gilt Frau Kirsten Klinitzke vom Landesarchiv Greifswald.

Alle nicht mit Quellenangaben versehenen Bilder, Bücher und Zeitschriften sind aus dem Besitz des Autors.

Hans-Ulrich Bauer im IGEL Verlag

Badespaß und Zwickelerlass
Das amüsante Fragespiel von Usedom
Seebad Heringsdorf: IGEL 2004

Historische Postkarten
Ansichtskartenreproduktionen von Usedom

In Planung

Die Windmühle auf dem Schweinestall
Mühlengeschichten rund um Usedom
Geschichte und eine Bestandsaufnahme
ISBN 978-3-9810371-3-5

Badegäste mit Anzug und Weste
Von Badekur bis Architektur
Band 2
Seebad Heringsdorf: IGEL 2006
ISBN 978-3-9810371-2-8

Badegäste mit Anzug und Weste
Gesamtausgabe Band 1 und Band 2
Seebad Heringsdorf: IGEL 2006
ISBN 978-3-9810371-0-4